LA BOLA
DE LA INDEPENDENCIA

LA BOLA
DE LA INDEPENDENCIA

Una historieta de la historia

El Fisgón

Diseño de portada: Ana Paula Dávila

© 2007, Rafael Barajas Durán, El Fisgón
Derechos reservados
© 2007, Editorial Planeta Mexicana, S.A. de C.V.
Avenida Presidente Masarik núm. 111, 2o. piso
Colonia Chapultepec Morales, 11570 México, D.F.

Primera edición: julio de 2007
ISBN: 978-970-37-0671-6

Ninguna parte de esta publicación, incluido el diseño de la cubierta,
puede ser reproducida, almacenada o transmitida en manera alguna
ni por ningún medio, sin permiso previo del editor.

Impreso en los talleres de Litográfica Ingramex, S.A. de C.V.
Centeno núm. 162, colonia Granjas Esmeralda, México, D.F.
Impreso y hecho en México - *Printed and made in Mexico*

www.editorialplaneta.com.mx

PRÓLOGO

Lorenzo Meyer

Quien inicie la lectura de *La Bola de la Independencia* de Rafael Barajas quizá lo haga sabiendo de antemano que tiene en sus manos una visión histórica que abiertamente habrá de tomar partido en su relato y examen de esa gran lucha política, social y cultural que tuvo lugar en México hace ya casi dos siglos, y en virtud de la cual la Nueva España se transformó en la Nación Mexicana. Si, por otro lado, el lector que se adentre en esta obra no ha leído o conocido antes otros trabajos de El Fisgón, no tardará en darse cuenta de que tiene frente a sí el resultado de la labor de un divulgador de la historia política mexicana particularmente tajante. Rafael Barajas es un observador-estudioso-participante del acontecer político mexicano actual y por tanto, desde su perspectiva, la lucha de aquellos que en 1810 se enfrentaron en México al poder español no es un asunto meramente histórico, es decir, superado, sino algo que aún no se resuelve del todo. Desde la perspectiva de nuestro autor, la cuenta aún no está saldada con lo ocurrido hace casi dos siglos. Como resultará evidente para el lector de este libro, para México la Independencia es un capítulo que aún no esta efectivamente concluido, y que deberá seguirse escribiendo hoy y en el futuro previsible.

La Bola de la Independencia es una selección e interpretación de los hechos y personajes que al inicio del siglo XIX marcaron el destino de la que por trescientos años había sido la pieza más importante del imperio americano de España: la Nueva España. En esta peculiar discusión del proceso de la independencia mexicana, el elemento gráfico —la imagen— es tan importante como el texto. Y conviene observar que en este caso las caricaturas son lo mismo obra directa del autor que adaptación —y homenaje— de dibujos o gravados de quienes antecedieron al autor en el arte de captar con el trazo la complejidad de la realidad y del espíritu de una época.

Por lo que a la historia misma se refiere, las tomas de posición del autor son contundentes, sin matices, pero con el sentido del humor de uno de los mejores caricaturistas políticos del México actual. El humor en torno a temas muy serios, trágicos incluso, es una forma de quitarle solemnidad al relato pero sin restarle importancia, de simplificarlo en su naturaleza pero sin falsear la explicación. La caricatura acompañada de un texto desenfadado, pero producto del conocimiento a fondo del tema, hacen que aquello tantas veces contado en los libros de texto con gran formalidad y gravedad —la "historia de bronce" de la independencia— se vuelva algo cercano, comprensible y, finalmente, útil para aquellos lectores que desean entender a México pero a quienes las formas del historiador profesional con frecuencia les resultan distantes, complejas y ajenas.

* * *

Ninguna narración y explicación de un gran suceso histórico como lo fue la guerra de Independencia de México puede quedar escrita de una vez por todas. Cada época, cada generación, vuelve a revisar su pasado desde una perspectiva distinta, única: la que le da su presente. En efecto, la problemática del aquí y hoy es la que obliga a volver la mirada a lo que le antecedió. Al hacerlo, inevitablemente le da un nuevo significado y sentido a los hechos del pasado y los pone en el marco de su gran explicación del presente.

El pasado siempre puede —y debe— ser redescubierto y reinterpretado a la luz de los problemas actuales no resueltos, de los desafíos, esperanzas, temores y frustraciones de la época en que vive aquel que está examinando aquello que alguna vez fue. La naturaleza de la lucha mexicana por sacudirse el yugo colonial fue vista de una manera cuando México se enfrentó a las invasiones norteamericana o francesa de mediados del siglo XIX y de otra cuando por primera vez el sentido de seguridad nacional dominaba los espíritus, es decir, al final de ese siglo, cuando el régimen porfirista aparecía tan sólido como un peñón. En los momentos difíciles de la Revolución Mexicana, lo ocurrido entre 1810 y 1821 apareció entonces como un episodio muy cercano y relevante. Años más tarde, en medio de la estabilidad del régimen priista, el conflicto entre México y su antigua metrópoli volvió a verse como algo ya enteramente consumado e histórico. Hoy, en el México del Tratado de Libre Comercio de la América del Norte y de la globalización, el concepto de independencia nacional —y la lucha de la cual nació— vuelven a retomar una urgente actualidad.

Lo normal es que en ninguna sociedad moderna haya una sola visión e interpretación de su pasado, sino varias. Y por la misma razón, también resulta natural e inevitable que esa pluralidad de visiones sea parte de la lucha política de la época. Y es que la interpretación del pasado se hace desde posiciones ideológicas encontradas, perspectivas de clase en choque, visiones regionales distintas, enfoques de género que han cambiado, etcétera.

En *La Bola de la Independencia*, Rafael Barajas, El Fisgón, ofrece una interpretación del pasado mexicano a la luz de los acontecimientos que han dado forma al México actual, es decir, un México donde la independencia y la soberanía son, en el mejor de los casos, conceptos relativos. Un México donde la lucha por la equidad y la justicia se da, es su esencia, en términos no muy diferentes a como se plantearon hace dos siglos, cuando sirvieron para alimentar el reclamo de los insurgentes. En suma, las confrontaciones y prioridades de inicios del siglo XIX son justamente las que dan sentido a la visión que Rafael Barajas sostiene día a día en el periódico *La Jornada* en torno a los acontecimientos nacionales e internacionales de inicios de este siglo XXI. Y es precisamente esa toma de partido en materia de política y de ética una de las más importantes virtudes de la obra que se tiene entre las manos.

* * *

El inicio del proceso de emancipación nacional de México está lleno de contradicciones, ironías y tragedias, siendo quizá la mayor de ellas el hecho de que, tras once años de lucha civil brutal, la Nueva España pasó de ser la más exitosa colonia de explotación de España en América a una República Mexicana que en su primer medio siglo de vida nacional sólo se puede calificar como un Estado fallido, que para salir de esa condición debió de luchar y perder la mitad de su territorio, y volver a vivir el calvario de una nueva lucha civil y de otra intervención europea.

No deja de ser un hecho digno de atención que, desde el triunfo de Cortés y sus aliados sobre el imperio azteca en el siglo XVI y hasta 1810 —casi tres siglos—, el dominio de la minoría española sobre la mayoría indígena de lo que hoy es México se enfrentara a numerosas rebeliones locales pero a ningún levantamiento general de los dominados. La estabilidad política novohispana fue mantenida por una burocracia de europeos y criollos en alianza con la Iglesia católica, sin que hubiera necesidad de un ejército permanente para ello. En realidad, el ejército colonial surgió sólo en el siglo XVIII y para hacer frente a una amenaza de invasión por parte de la Inglaterra, no en previsión de la gran insurrección que estaba por ocurrir y en la que ese ejército resultaría un actor central.

El origen inmediato de la rebelión popular de 1810 no está en las difíciles condiciones de vida de la mayoría —éstas fueron una constante durante todos los siglos coloniales— ni en un sentido de injusticia y agravio de esas mayorías que hubiera madurado para 1810. No, la causa inmediata fue un acontecimiento totalmente ajeno a la vida mexicana de la época: un cataclismo en el sistema internacional de poder: la invasión napoleónica de la Península Ibérica, la pérdida temporal de independencia de España y, por consiguiente, la apertura de una oportunidad para que los criollos de Nueva España y de todo el imperio español en América renegociaran su posición en la estructura de la colonia y del sistema imperial. En efecto, la ausencia del rey y el surgimiento de un vigoroso movimiento liberal en la "Madre Patria" acicateó a la minoría criolla ilustrada para reclamar, al amparo de la idea de la soberanía popular, una mayor autonomía y mayores beneficios en un sistema de explotación que hasta entonces había beneficiado mucho más a los peninsulares que a los "españoles nacidos en América".

El golpe de mano dado en 1808 por un grupo de grandes propietarios españoles encabezados por Gabriel de Yermo y que terminó con el gobierno del virrey Iturrigaray no fue otra cosa que un esfuerzo ilegal, pero efectivo en el corto plazo, por cortar de tajo las pretensiones de los criollos novohispanos de aprovechar la coyuntura desfavorable a España para aumentar su influencia política. Ante esa acción de fuerza la minoría española tuvo como respuesta la radicalización de los descontentos criollos que, de esgrimir argumentos legales y filosóficos, decidieron pasar a echar mano de las armas para hacer valer sus intereses.

El grupo de conspiradores del Bajío que prendió la mecha de la vía armada para hacer prevalecer sus intereses decidió el 16 de septiembre de 1810 invitar a las clases subordinadas a sumarse a su proyecto de rebeldía sólo como un último y desesperado recurso: cuando su proyecto estrictamente criollo había sido descubierto, el castigo que podían esperar era inevitable y necesitaban aliados para enfrentar al poder virreinal. Fue de esta manera inesperada cómo una división en las alturas de la estructura social, una pugna dentro de la élite blanca, de los privilegiados, se convirtió sin proponérselo en la chispa que en un abrir y cerrar de ojos prendió fuego al gran llano seco conformado por los indios y los mestizos.

El planteamiento inicial de Hidalgo para conseguir el apoyo de las clases subordinadas —de esas que a partir de entonces se conocerían en los círculos de poder como "las clases peligrosas"— fue presentar su llamado a la rebelión no como la búsqueda de una independencia y de un nuevo régimen sino como una acción en contra del "mal gobierno virreinal" pero finalmente en favor del rey —entonces prisionero de los franceses— y de la religión católica. Y es que un cambio tan radical como el que tenían en mente Hidalgo y los suyos no podía ser aceptado en ese momento como legítimo por la mayoría de indígenas y mestizos, que pese a su condición de explotados, seguían manteniendo lealtad al monarca español y a la Iglesia católica. En esas circunstancias, al cura de Dolores no le quedó otro camino que presentarse ante sus seguidores y ante el pueblo en general, no como lo que realmente era —un revolucionario— sino como un leal súbdito de Su Majestad el Rey, como un devoto de la legitimidad colonial, del orden tradicional, y que sólo pretendía volver las cosas a su situación original.

Fue necesario que tuviera lugar el fracaso militar, la inviabilidad del proyecto original, para que se abriera una nueva etapa en la insurgencia y en la historia del país. Desaparecido Hidalgo, el liderazgo insurgente quedó fragmentado y a fines de 1813 un cura mestizo, José María Morelos, y el Congreso de Anáhuac, por fin declararon que la independencia y el fin del dominio español en América eran el verdadero motivo y proyecto de una lucha que, para entonces, ya había adquirido el carácter de una auténtica guerra de clases y de castas: una confrontación sin cuartel entre españoles y criollos por un lado y mestizos e indígenas rebeldes por el otro.

La ironía de todo este violento proceso político que, entre otras cosas, hundió a la hasta entonces próspera economía colonial mexicana, fue su conclusión. En efecto, finalmente la independencia tuvo lugar cuando la insurgencia apenas si era capaz de sobrevivir en términos militares en las zonas más remotas y aisladas del reino. En un giro de oportunismo notable, quien por años fuera un eficaz combatiente de insurgentes, el general Agustín de Iturbide, entonces al mando de un ejército numeroso, encontró adecuado declararse en 1821 por la independencia de una colonia ya muy agobiada por los costos materiales y humanos de la lucha. Esa decisión fue apoyada entonces por un buen número de elementos de las clases altas, pues en ese momento resultaba ser para ellas la mejor forma de neutralizar el liberalismo que había vuelto por sus fueros en España. Si el levantamiento de Hidalgo en el Bajío había sido una decisión que había tomado por sorpresa a muchos, lo mismo ocurrió con el cambio de colores políticos de Iturbide. Fue así como una sociedad colonial muy dividida inesperadamente se tornó en una nueva nación. Pero justamente por la naturaleza misma de esa gran transformación política, a la sociedad mexicana le tomaría mucho tiempo y mucho esfuerzo institucionalizar su cambio de estatus. Pero ésa ya es otra historia, una que seguramente Rafael Barajas podrá contarnos más adelante.

PREFACIO

EL FISGÓN

El humorista español Enrique Jardiel Poncela afirmó que "historia es, desde luego, exactamente lo que se escribió, pero ignoramos si es exactamente lo que sucedió". El humorista tiene razón. Aunque tratan de tenerlo siempre presente, los historiadores suelen olvidar que toda visión de la historia —incluida la suya— está marcada por conceptos ideológicos, prejuicios sociales, teorías de moda y necesidades políticas de su tiempo, lo que implica, invariablemente, errores, distorsiones y el olvido de temas y zonas históricas. Creo que escribir *La Historia* es tarea imposible (nadie es dueño de la objetividad), por lo que me he propuesto algo mucho más modesto: hacer una historieta de la historia.

El debate por la historia es parte del debate político. Es pieza clave en la lucha por el poder y en la formación de la memoria colectiva. Hay fechas, eventos y movimientos que desatan pasiones, fracturan familias, dividen a la sociedad y se discuten durante meses, años y hasta siglos; éste es el caso del grito que dio el cura Miguel Hidalgo y Costilla en el pueblo de Dolores el 16 de septiembre de 1810. En su tiempo, los realistas consideran el hecho una infamia inspirada por el demonio y la Iglesia excomulga a los insurgentes; por su parte, algunos pueblos festejan el "grito libertador" aun antes de que se consume la Independencia en 1821.

Quien es dueño del presente puede imponer su visión del pasado y quien tiene una visión del pasado puede luchar por el presente y el futuro; esto es aún más claro en los momentos históricos decisivos, cuando la sociedad discute proyectos políticos que definen su futuro. En los primeros años del México independiente, los grupos liberal y conservador luchan por el poder y, a pesar de que el país apenas cuenta con unos años de vida, el ideólogo conservador Lucas Alamán, y los intelectuales liberales, José María Luis Mora y Lorenzo de Zavala, escriben miles y miles de páginas sobre la historia de México. En las primeras décadas del siglo XIX, el movimiento de Hidalgo está en el centro del debate que divide a liberales y conservadores; para los liberales, Hidalgo es el Padre de la Patria y el movimiento insurgente está en el origen de la nación mexicana, mientras que para los conservadores el Padre de la Patria es Iturbide y el cura de Dolores un irresponsable que alebrestó a un populacho violento y atrasado.

Es de sobra sabido que los vencedores son quienes escriben la historia y es un hecho que todo Estado o grupo en el poder necesita imponer *su* visón de la historia para legitimarse. En todas las naciones, la historia oficial tiende a simplificar los acontecimientos; suele olvidar próceres, eventos, datos y hechos importantes y relega a un segundo plano la complejidad de los acontecimientos. México no es la excepción. Después del triunfo definitivo sobre los conservadores, los historiadores liberales construyen una visión de la Guerra de Independencia en la que los insurgentes son héroes perfectos, patriotas visionarios que se propusieron, desde un principio, liberar a sus coterráneos del yugo del Imperio español y construir una nación independiente y soberana. Durante décadas, la historia oficial impone una visión de la Independencia que está llena de mitos, de leyendas épicas, de fantasías patrióticas, y que se toma grandes licencias poéticas y literarias. La realidad histórica es, por supuesto, mucho más complicada: los insurgentes dudan, se equivocan, incurren en torpezas y traiciones, cometen atrocidades, toman decisiones inexplicables y la concepción y el nacimiento de México como nación independiente es un proceso complejo y accidentado, como lo demuestra Luis Villoro en su clásico libro *El proceso ideológico de la Revolución de Independencia*.[1]

A pesar de que el movimiento insurgente ha sido profusamente estudiado, el debate sobre la bola de Hidalgo aún no termina. A fines del siglo XX y principios del XXI, algunos católicos ultraconservadores (notablemente los miembros de El Yunque) sostienen, aunque con precariedad argumental, la tesis de que la Colonia es el periodo de mayor esplendor que se ha vivido en estas tierras americanas y hacen todo por reinstaurar "el reino de Dios en la tierra". Para este sector, Hidalgo sigue siendo un mal cura que mereció la excomunión; su movimiento social, una revuelta tan sangrienta como innecesaria, y el verdadero Padre de la Patria es el emperador Agustín de Iturbide (de hecho, a principios del siglo XXI, un alcalde panista, para celebrar el grito, cuelga en la plaza pública la imagen de Iturbide al lado de las de Allende, Hidalgo y Morelos). Por su lado, ciertos historiadores identificados con la ideología empresarial sostienen una curiosa visión de la historia nacional según la cual el país evoluciona gracias al impulso de la clase emprendedora y las élites iluminadas, a pesar de los múltiples obstáculos y estallidos históricos sociales absurdos, como la Revolución Mexicana y la Guerra de Independencia. Este sector se identifica con la visión de que Hidalgo es un caudillo idealista —uno de los tantos que, con sus acciones y su personalidad, marcaron el siglo XIX mexicano— que provocó un conflicto innecesario. En *Siglo de caudillos*, Enrique Krauze sostiene que el grito de Hidalgo es también "un llamado justificatorio a la crueldad, un llamado de intolerancia, de irracionalidad en la historia mexicana", y lamenta que Hidalgo no haya "convocado a un pacto encabezado por los criollos que, casi sin excepción, anhelaban la independencia".[2] Esta lógica está muy ligada a la idea que tiene la oligarquía mexicana del siglo XXI de que el pueblo mexicano es tan atrasado que ni siquiera se le puede confiar su propia historia porque comete atrocidades. La idea de que la historia es pura negociación entre las élites tiene un remate lógico: en la cumbre, el consejo de administración, en la base la mayoría que, por serlo, nunca tiene cabida ni física, ni política, ni histórica en los espacios de la sociedad respetable. A eso se le llama deshacerse de la nación para que los pocos que queden y quepan no tengan problemas ni de espacio ni de olfato ni de discusión.

A pesar de que es imposible encontrar la objetividad incuestionable, en la disciplina de la historia la búsqueda de la verdad es fundamental y para ello es necesario recopilar hechos y entender las lógicas internas de los procesos sociales. En contra de las visiones ultraconservadoras, yo dudo que la Nueva España haya sido la época de oro de estas tierras, y, contra las tesis históricas proempresariales de la historia, creo que la actuación de las élites novohispanas y mexicanas no siempre ha sido benéfica para la sociedad, que su afán de mantener sus enormes privilegios está en el origen de graves injusticias y diversos estallidos sociales y que los pueblos juegan un papel importante en los procesos sociales. Más allá de la mitología liberal oficial y de las visiones conservadoras y empresariales, la bola de Hidalgo merece ser estudiada como un movimiento social fundacional que tiene su origen en quejas y aspiraciones legítimas, que impulsa cambios importantes en la sociedad, que expresa el sentir de un sector importante de la población y que va evolucionando con el tiempo. Los movimientos sociales del México del siglo XXI pueden aprender mucho de los aciertos y errores de la gesta insurgente.

Para hacer una reconstrucción histórica apegada a la realidad es importante recrear los ambientes y el universo estético de la época. Nadie plasma las visiones, las aspiraciones, la realidad y los ideales de un periodo como los artistas de su tiempo. Los grabados, alegorías, dibujos, óleos, retratos en cera que fueron hechos en la década de 1810 (o unos años después, cuando aún estaba vivo aquel mundo) y la gráfica patriótica liberal son documentos que tienen un valor gráfico e histórico enorme y nos permiten meternos de lleno en el paisaje social y el imaginario visual del momento. Por ello, para hacer esta historieta de la historia, he utilizado imágenes de grabadores anónimos, artistas viajeros y demás creadores de la Nueva España y el México del siglo XIX.

Cualquier parecido de esta historieta con los sucesos políticos mexicanos del siglo XXI es una mera coincidencia... o, tal vez, producto de la persistencia histórica.

---

[1] Luis Villoro, *El proceso ideológico de la Revolución de Independencia*, CONACULTA, México, 2002.
[2] Enrique Krauze, *Siglo de caudillos*, Editorial Tusquets, México, 1994, p. 67.

No es lo mismo México que la Nueva España. Aunque la República mexicana tiene su origen en esta colonia española, México y la Nueva España son entidades diferentes desde el punto de vista económico, político, cultural y social e incluso geográfico.

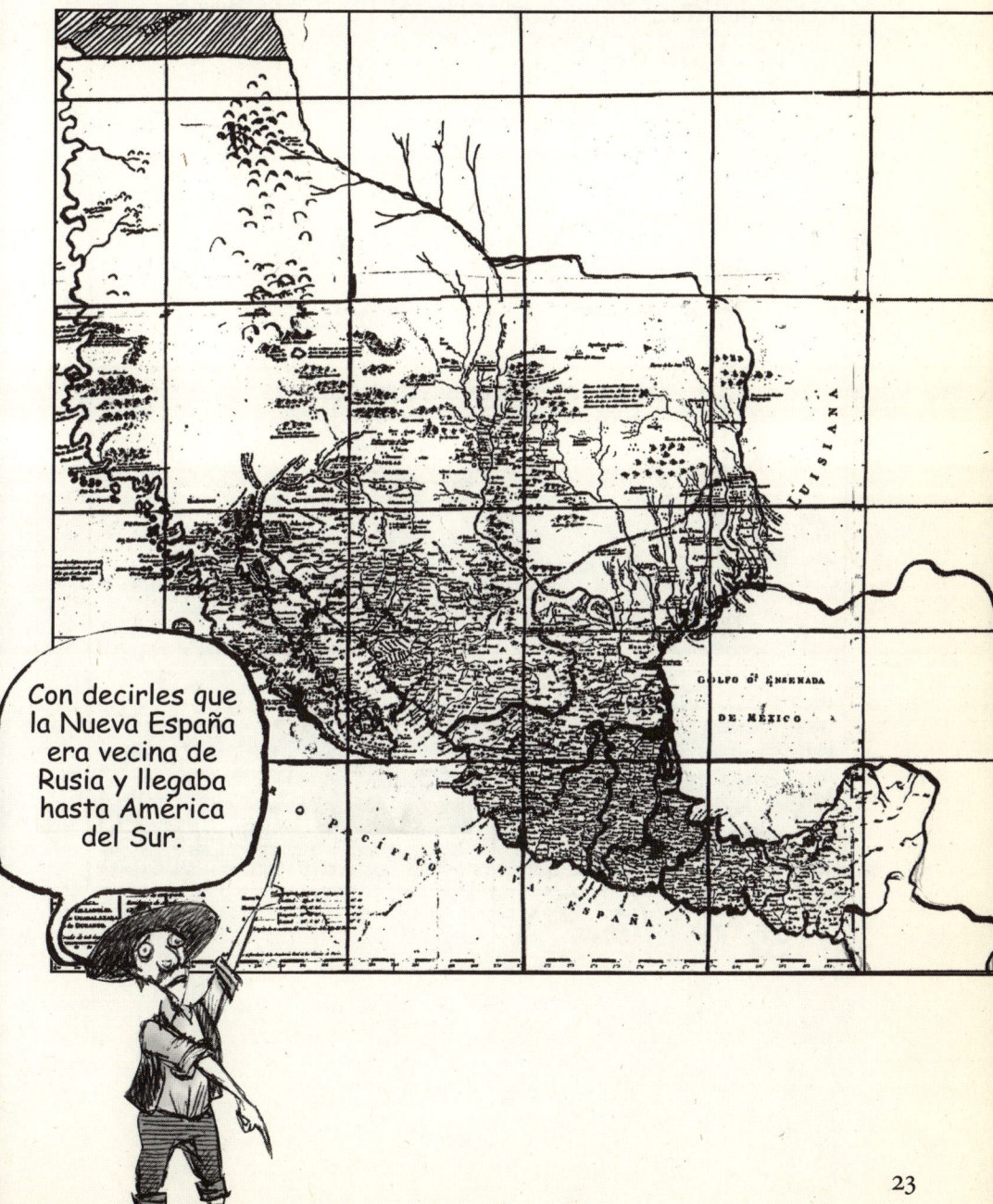

Con decirles que la Nueva España era vecina de Rusia y llegaba hasta América del Sur.

Desde la Conquista, los novohispanos viven en una sociedad rígida, autoritaria y paternalista donde manda el rey que está al otro lado del mar.

En principio, el rey le da a cada quien lo que le corresponde. A los indios, sus tierritas, a los nobles, tierrotas y minas y, según el rey, a los españoles les corresponde mandar y a los demás obedecer.

Y como se supone que el poder del rey de España viene de Dios, nadie discute las disposiciones de la Corona.

La Nueva España es una sociedad dividida por clases sociales y grupos étnicos, o castas. Los contrastes sociales son muy fuertes. Hay grupos muy privilegiados y otros muy amolados. A fines del siglo XVIII, la cosa está más o menos así:

La clase gobernante y los dueños de minas.

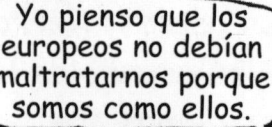

Yo pienso que los europeos no debían maltratarnos porque somos como ellos.

Yo pienso que los americanos son todos unos brutos.

Los hacendados criollos y ricos.

Yo pienso que el sistema tiene que ser reformado.

Los criollos ilustrados de las clases medias.

Los indios (descendientes de los nativos americanos).

Las castas (hijos de español y negro, indio y criollo, etcétera…).

Yo pienso que los gachupines son, como su nombre implica, gachos.

Yo pienso como dijo el compañero.

Uuuy. Si digo lo que pienso, la mamá de mi amo me manda azotar.

Los esclavos (en su mayoría de origen Africano).

Y lo único que los une es que todos son súbditos del Rey y como se supone que el rey le da a cada quien lo que le corresponde, pues se aguantan.

Junto al rey, reina la ignorancia. No circulan libros con ideas modernas ni noticias que puedan dañar a la Corona o a la Iglesia. La autoridad busca controlar hasta los pensamientos y la censura la ejerce la Santa Inquisición.

En Europa, se tiene la idea de que los americanos son seres inferiores. Según los científicos europeos, el clima americano provoca que los nacidos en estas tierras sean brutos, salvajes, polígamos, borrachos, insensibles al dolor...

Y como se supone que los americanos son tan atrasados, la servidumbre y la esclavitud se ven como algo necesario.

El trato de los ricos hacia las clases bajas es duro e injusto y a lo largo de la Colonia hay varias rebeliones de indios y esclavos. Todas son reprimidas con violencia.

Aunque todos los novohispanos son súbditos del rey, sólo los nacidos en España pueden aspirar a ciertos trabajos, cargos, propiedades, etcétera...

Bien gacho. Nos tratan como si fuéramos trabajadores ilegales en Texas.

Por supuesto el grueso de la riqueza que se produce en estas tierras se va para España.

Desde el inicio de la Colonia, los privilegios que tienen los españoles hacen que los nacidos en América entiendan muy pronto que ellos no son españoles, sino algo diferente.

En España, a mediados del siglo XVIII, el rey Carlos III busca modernizar al Imperio y hace una serie de reformas: las Reformas Borbónicas.

Para modernizar a la vieja España, la Corona necesita cada vez más plata de la Nueva España; le sube los impuestos y, para proteger la industria española, les prohíbe a los novohispanos cultivar vino, fabricar seda...

Y aunque a fines del siglo XVIII hay un auge económico en la Nueva España, las cosas no van muy bien. Los novohispanos viven cada vez peor y hay descontento.

Por último, por razones que sólo el Rey sabe, se expulsa a los jesuitas de toda España, incluidas las colonias.

Los jesuitas nacidos en América, se exilian en Europa, sienten nostalgia por su tierra y empiezan a hablar de México como su patria. Uno de ellos escribe:

Estos jesuitas se indignan cuando ven que los científicos europeos pintan a los mexicanos como seres inferiores, salvajes, brutos, feos, borrachos, atrasados...

Es que está de moda una "ciencia" que después le gustaría mucho a un tal Hitler: el estudio de las razas, o "racismo".

Y Francisco Javier Clavijero, un jesuita nacido en Veracruz, escribe su libro Historia antigua de México, donde habla de un territorio llamado México y defiende a los mexicanos.

Convencí a la inteligencia europea de que los americanos son gente de razón. Ya sólo falta que el rey de España se porte como gente de razón.

Se dice que en el Colegio de Valladolid, Clavijero fue maestro de un tal Miguel Hidalgo y Costilla.

Para que cese el maltrato contra los mexicanos, tendría que haber un cambio de visión de la Corona española, que es la que toma las decisiones que afectan a los novohispanos.

Y para que la Corona española cambie, tendría que haber un cataclismo en España... Y lo hubo.

En 1808, Napoleón invade España, apresa a la familia real y obliga al rey Fernando VII a abdicar a nombre de José Bonaparte.

Todo muy legal: Dios le da el poder al rey de España, y éste se lo escritura a mi hermano.

Pero el pueblo español resiste. Rechaza a José Bonaparte y lucha contra el ejército invasor.

Que venga Dios a decirnos que el Bonaparte ese es nuestro rey.

La abdicación de Fernando VII a favor del hermano de Bonaparte pone en cuestión el fundamento mismo del poder de la Corona española. Hasta en la Nueva España se discute acaloradamente.

¿Y ahora a quién le mandamos la plata?

Las colonias siguen siendo del rey. Y su poder viene de Dios.

Pero el Rey ya escrituró a nombre de Napoleón el Imperio que le dio Dios...

Mejor hagamos como que nada ha pasado.

¡Qué lío!

Un intelectual criollo, el licenciado Primo de Verdad convence al virrey Iturrigaray de que convoque a una reunión de novohispanos notables con la idea de que:

Con permiso del virrey, en el Ayuntamiento de la capital, europeos y americanos discuten problemas políticos de fondo.

A estas alturas, los criollos le son fieles a el Rey y no se les ocurre separarse de la casa real, pero quieren poder para administrar el territorio y revisar algunas leyes.

Fray Servando Teresa de Mier argumenta que aunque España está bajo dominio francés, la Nueva España no lo está porque:

Pero estas ideas ponen en peligro los privilegios que tienen los nacidos en España, quienes no están dispuestos a ceder nada...

Y además, esta discusión abre la puerta para que opinen el resto de los americanos, indios, castas y esclavos.

Aterrados, los europeos dan un golpe de Estado y encarcelan al virrey Iturrigaray.

"Y eso que me nombró el Rey."

ITURRIGARAY, Virrey.

Disuelven el Ayuntamiento y persiguen con saña a los criollos. A unos los encarcelan, a otros los mandan al exilio.

"Como te estaba diciendo: ¡A callar y obedecer!"

"Qué buenos argumentos."

El golpe de los europeos es injusto, a todas luces ilegal y es repudiado por los criollos.

En diversas partes de la Nueva España se organizan conspiraciones contra el gobierno que encarceló ilegalmente a Iturrigaray. En Querétaro hay una.

Donde participa Miguel Hidalgo, cura del pueblo de Dolores...

... Y un oficial del ejército de nombre Ignacio Allende

Por esas fechas es muy arriesgado participar en una conspiración. La gente flaquea y traiciona, y a los conspiradores apresados se les trata con brutalidad.

Y no existía Amnistía Internacional para denunciar los abusos.

La conspiración de Querétaro es descubierta y la esposa del corregidor de Querétaro le manda decir a Allende e Hidalgo que los van a agarrar.

Los conspiradores saben que si los detienen, les espera cárcel, tortura y humillaciones. Entonces Hidalgo decide pasar a la ofensiva.

Hidalgo es popular entre la gente y el pueblo lo sigue porque cree en él y en lo justo de su causa. Creen que los golpistas actuaron fuera de la justicia y la ley, y además traicionaron al rey de España. Además lo siguen porque creen que defiende los valores de la Iglesia (no por nada toma la bandera de la Guadalupana).

Pero los más pobres se revelan porque están hartos de las injusticias y abusos de las clases altas. Decenas de miles de indios, esclavos, hombres y mujeres de todas las clases y castas se suman a la bola de Hidalgo y pronto el movimiento se convierte en una enorme insurrección popular. Están mal armados, con piedras, machetes, pero son una marea incontenible. En poco tiempo son más de cien mil los alzados.

Desde el primer momento, los españoles, la mayoría de los criollos y los jefes de la Iglesia reaccionan con susto y furia contra la bola de Hidalgo. Piden mano dura, excomulgan y escriben folletos donde insultan al caudillo y a su gente.

Con el tiempo, cuando la Iglesia y la regencia española aprueban el golpe contra Iturrigaray, los insurgentes sienten que la vieja legalidad colonial se rompe para siempre.

Muy pronto, el discurso de Hidalgo se radicaliza. Cada vez habla menos de el Rey, se distancia de la jerarquía católica y empieza a pensar en una independencia total de España. La prueba de su rompimiento con la vieja legalidad colonial está en que hace leyes en nombre del pueblo.

Queda abolido el régimen de castas.

Queda abolida la esclavitud.

Se decreta el fin de los pesados tributos que dañan la población.

Se permite la confiscación de los bienes de los europeos.

Se les restituyen sus tierras a los indios.

Se publica un periódico: El despertador americano; ejerciendo en los hechos la libertad de imprenta.

Todos los decretos de Hidalgo son manifestaciones de la voluntad popular y actos de soberanía.

Como ocurre en muchas insurrecciones populares, la masa levantada llega a ser incontrolable. La furia popular rebasa a Hidalgo, Allende quiere calmar al pueblo, pero el cura tolera los excesos originados por el ánimo de venganza. Los hombres de la bola se sienten libres, por vez primera, pero libres también para cometer abusos, como ocurre en Guanajuato con la toma de la Alhóndiga de Granaditas.

El 30 de octubre de 1810, en el Cerro de las Cruces se da un enfrentamiento muy importante entre las tropas insurgentes y el ejército realista. Tras una batalla cruenta, los poco más de 2 mil quinientos realistas bien armados son derrotados por unos 80 mil insurgentes, desorganizados y mal armados.

A la mañana siguiente han muerto cientos y desertado miles de partidarios de Hidalgo, pero le quedan 40 mil soldados con los que puede tomar la ciudad de México, que está prácticamente indefensa. Sería el triunfo definitivo del movimiento.

Sería horrible otra matanza como la de Guanajuato.

Además de que no tengo muy claro cómo gobernar.

Mejor vámonos a Guadalajara.

Sin embargo, Hidalgo decide retirarse. Nunca sabremos por qué se retira, pero es posible que tuviera miedo de lo que podían hacer sus tropas.

La bola de Hidalgo llega a Guadalajara donde intenta hacer un gobierno. Allí el cura emite varios decretos, preside actos oficiales y se hace llamar Alteza Serenísima.

Como rey, porque no me sé de otra.

El ejército insurgente es derrotado en el Puente de Calderón, cerca de Guadalajara.

Después sufre varias derrotas más. Surgen pugnas entre Allende e Hidalgo. Al cura se le culpa de la crisis del movimiento, se le retira el mando militar y lo traten casi como a un preso.

Los líderes insurgentes están a la defensiva e inician un peregrinaje. En 1811, en el norte de México, Hidalgo y Allende son hechos prisioneros por los realistas.

Se les juzga y se les condena a ser fusilados. Como escarmiento, cuelgan sus cabezas de la Alhóndiga de Granaditas en Guanajuato.

Tras la derrota de Hidalgo y Allende, la insurrección popular no cesa. Al contrario, sigue creciendo vertiginosamente. Por todo el territorio la gente más pobre, los esclavos, los indios, los mineros se juntan en turbas mal armadas.

Casi todo el pueblo se suma a la bola. La mayoría de los criollos condena el movimiento y los europeos entran en pánico.

Pero además surgen las primeras organizaciones políticas y militares de los insurgentes: La Junta de Zitácuaro y el ejército de Morelos.

El fin de la esclavitud y de las castas.

Leyes iguales para todos.

Que en el futuro, sólo distinga a un americano de otro el vicio y la virtud.

Leyes que moderen la opulencia y la indigencia.

Morelos es un cura pobre, con escasa preparación, pero inteligentísimo, gran militar, gran político. Caudillo carismático. De casta indio y negro, este discípulo de Hidalgo plantea la necesidad de un gobierno emanado del pueblo y para su pueblo. Su texto Sentimientos de la Nación sienta las bases del Estado mexicano.

Mientras esto sucede en América, en 1810 se abren las Cortes Constituyentes en Cádiz, España. Asisten representantes de todos los dominios españoles, incluso de las colonias.

RAMOS ARIZPE
Ex Ministro.

En Cádiz, los representantes de Nueva España se convencen de que, a falta de rey, la soberanía de la nación reside en la voluntad general de los ciudadanos y se vuelven liberales.

Los representantes novohispanos apoyan la lucha del pueblo español contra el despotismo de Napoleón y se dan cuenta de que esa lucha es en todo igual a la que hacen los insurgentes contra el despotismo del Imperio español.

Qué chistoso. Al igual que el pueblo español, en América también luchamos contra un monstruo carnívoro y tiránico, sólo que el que está allá es un rey español.

A lo largo de 1811, Morelos gana diferentes batallas en el sur del país y organiza en Tecpan la primera provincia independiente. En el proceso, aprende el arte de la guerra, organiza un ejército y prepara militares insurgentes: los Galeana, los Bravo y Vicente Guerrero, entre otros.

Por un cabo doy dos reales. Por un sargento un tostón. Por mi general Morelos doy todo mi corazón.

Cuando el rey Fernando VII regresa al trono, rechaza la Constitución de Cádiz y envía tropas a reprimir a los insurgentes.

¿Quién entiende a los insurgentes? Cuando se insurreccionan, juran dar la vida por mí, y cuando los mando matar se enojan.

Entonces, los rebeldes rompen con la Corona de España y atacan abiertamente a el Rey.

Morelos convoca a un congreso que redacte una constitución de la América mexicana. La Constitución de Apatzingán de 1814 ya no proclama a un rey, sino a la República.

La base de la Constitución es esto que escribí y que se llama Sentimientos de la Nación.

Ajúa... ¿Traemos mariachis?

Morelos se hace llamar Siervo de la Nación y se pone al servicio del Congreso de Chilpancingo, que resulta ser caprichoso y torpe. Somete al general a órdenes erradas y, de torpeza en torpeza, lo lleva a la derrota.

En marzo de 1812, las Cortes de Cádiz firman la Constitución Política de la Monarquía Española. Esta constitución permite la libertad de imprenta.

En abril de ese año, en la Nueva España, un abogado insurgente, Ignacio López Rayón escribe sus Elementos Constitucionales, donde también plantea el derecho a la libertad de imprenta.

Nos urge la libertad de imprenta para contar cómo nos tratan.

Tras una larga negociación en 1812, el virrey Venegas permite la libertad de imprenta en la Nueva España.

Entre los cientos de folletos que se publican destaca una publicación liberal: El Pensador Mexicano, de José Joaquín Fernández de Lizardi.

Simpatizante de Morelos para más señas.

Y cómo ven que luego luego me encarcelan y me excomulgan.

Ante la avalancha de críticas, pronto el Virrey suspende la libertad de imprenta. Pero ya es tarde, pues ya empezaron a circular las ideas liberales en estas tierras. Y ésto cambia muchas cosas.

La prensa liberal hace que el movimiento iniciado por Hidalgo se vea en el marco de la lucha por la libertad y contra el despotismo del antiguo sistema español.

Morelos cae prisionero de los realistas en 1815. Lo juzga la Inquisición, es degradado y se le fusila a fines de ese mismo año.

Para 1817, los insurgentes se quedan derrotados o comprados por los realistas y ya sólo quedan caudillos regionales defendiendo sus causas. En este contexto llega a México una expedición de soldados españoles liberales encabezados por el militar Francisco Javier Mina y fray Servando Teresa de Mier.

Con la muerte de Morelos, termina el ascenso insurgente y el movimiento se disuelve en luchas intestinas.

Pero a pesar de todo, los insurgentes siguen luchando, sobre todo en el sur, donde Vicente Guerrero consigue triunfos, logra armar un ejército respetable y mantiene el control de algunos territorios.

Cuando la lucha insurgente parece perdida, en 1820, en España la situación de Fernando VII se complica. Una rebelión popular obliga a el Rey a jurar la Constitución de Cádiz de 1812.

Esto reaviva los ideales de independencia en la Nueva España. Veracruz y Mérida proclaman la Constitución de Cádiz.

La oligarquía americana no quiere suscribir la constitución liberal y se decide por la independencia... Pero de la Constitución de Cádiz. Quieren que la Nueva España se siga gobernando con las viejas leyes.

La situación política no es fácil, pero sigue la guerra civil. Los realistas ni convencen ni pueden acabar con los insurgentes que están golpeados, pero no se dan por vencidos.

Entonces a un tal Agustín de Iturbide se le ocurre una salida política negociada.

Agustín de Iturbide es un criollo que se une las fuerzas realistas para combatir a los insurgentes.

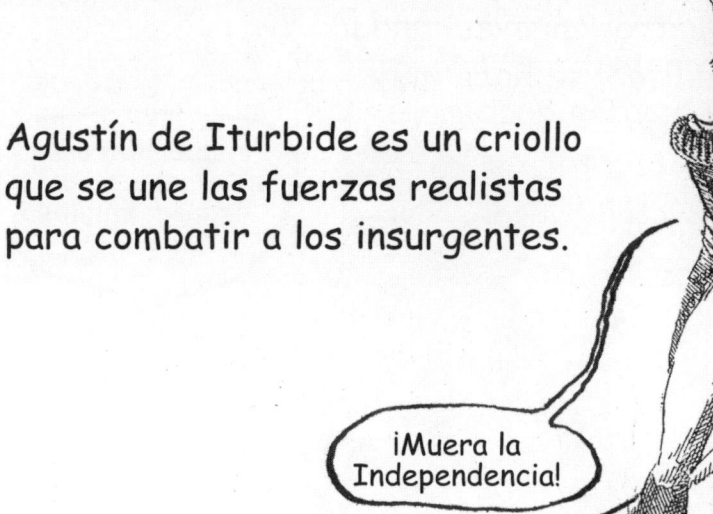

¡Muera la Independencia!

Como quien dice, no era un defensor de los derechos humanos.

Es cruel hasta con su tropa. Hace una guerra de exterminio contra los insurgentes: arrasa pueblos, encarcela rebeldes y ejecuta a cientos sin juicio.

Durante la guerra, aprovechando su posición militar, se hace muy rico comerciando con productos agrícolas. Llega a monopolizar los granos y el algodón en su zona.

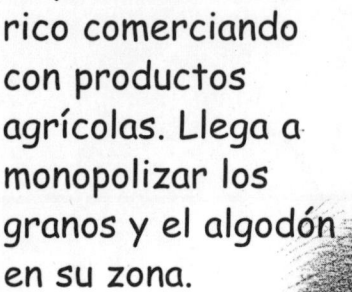

"El que no transa no avanza, y voy a transar con los insurgentes."

El caso es que en 1821, Iturbide concibe el Plan de Iguala que consiste en hacer de este territorio un país independiente, pero gobernado por un miembro de la familia real española (los Borbones) y la Iglesia católica.

"Las tres garantías son: Independencia, Religión y Unión con la Corona de España."

Este proyecto desecha las ideas de Morelos, pero es aceptado por los insurgentes pues es una salida política, y la necesitan. El país está harto de guerras y la oligarquía está feliz con el plan.

… Y el 27 de octubre de 1821, Iturbide jura la Independencia del Imperio mexicano.

La casa real española se niega a enviar un rey e Iturbide acaba coronándose emperador de México en mayo de 1822.

A su caída se funda la República mexicana.

En cambio, sí celebro la lucha por la libertad, la soberanía y la igualdad que promovieron los insurgentes. Esa lucha está en el origen de la República mexicana. Esa es mi patria y el padre de esa patria es Hidalgo.

Así que este 16 de septiembre, voy a gritar viva Hidalgo y me olvido de Iturbide de una vez por todas. De modo que con su permiso.